# LETTRE

## A UN AMI,

P A R

LE CITOYEN G****

---

A PARIS,

De l'Imprimerie-Librairie du Cercle Social,
rue du Théâtre - Français, n.º 4.

(AN V.)

# LETTRE

## A UN AMI.

Messidor An 5.



Ce qui se passe aujourd'hui dans le sein du Corps législatif, ne peut exciter d'étonnement que parmi les personnes innatentives ou de peu d'expérience.

Ces affligeans écarts ne présentent autre chose que le transport, sur le principal théâtre de la République, des scènes, auxquelles on s'est presque constamment exercé dans les départemens méridionaux, notamment depuis l'établissement définitif de la constitution de l'an trois.

Celles qui, par la connoissance des hommes et l'habitude des affaires, se piquent de pénétrer quelque peu dans l'avenir, avoient dû pressentir, ou du moins appréhender d'avance, que le terme de la constitution républicaine ne se trouvât expirant à l'époque où les partisans du régime aboli se trouveroient inévitablement introduits dans les conseils, et en composer la majorité, par le droit et le retour prématuré des élections.

Il se découvre, à ce qu'il semble ici, un défaut de prévoyance de la part des rédacteurs de cette constitution : ils pouvoient, ils devoient peut-être, à la stabilité de ce sublime ouvrage, à la Nation, ainsi qu'à eux-mêmes, de rendre les renouvellemens beaucoup moins fréquens ; mais sur-tout de conserver l'intégrité du corps législatif, existant et fondateur de la République, jusques, et plusieurs années, même après la conclusion et l'affermissement de la paix générale.

Mais la sévérité de leurs principes, associée peut-être à quelque peu de présomption sur la moralité des hommes, les a aveuglés au point de commettre une faute qui paroît à-peu-près irréparable.

On peut assurer, néanmoins, que les étrangers ont bien mieux jugé de l'avenir qu'on ne l'a fait à Paris ; et qu'ils se tiennent

prêts aujourd'hui, quelques soient leurs dé—
monstrations, à recueillir le fruit de cette
longue résistance, qui n'a jamais pu se fon-
der, que sur l'espérance d'un nouveau bou-
leversement.

Les hommes purs, mais peu exercés,
s'obstinent à ne voir dans ce qui nous arrive,
que des diversités d'opinion, à l'égard de
quelques mesures partielles, nous représen-
tent sans cesse qu'il faut se rapprocher;
étouffer les passions, les préventions qui di-
visent les esprits ( qu'ils supposent apparem-
ment d'accord sur le fonds des affaires ) et
le vulgaire répète ce refrein à l'unisson.

Mais il ne s'agit point ici de ces passions
délirantes et passagères, comme les accès
de la fièvre; telles que celles provoquées par
les excès du vin, les transports de l'amour
et de la jalousie, les fureurs du jeu, ni les
égaremens même d'une ambition commune.

Nous trouvons, au contraire, pour cause
subsistante de nos divisions, d'un côté, une
intime persuasion de l'excellence du gouvernement républicain; de l'autre, un système
de subversion fortement organisé, médité

depuis long-tems; soumis au calcul, et suivi avec une persévérance et une opiniâtreté que les périls, les disgrâces et la résistance n'ont fait que fortifier au lieu de l'affoiblir.

Si le royalisme ne nous présentoit qu'une simple opinion, on pourroit espérer dans ce cas, de l'extirper et de ramener les personnes atteintes de ce vertige; ( d'autant qu'il ne sauroit supporter l'épreuve du raisonnement, ni soutenir la comparaison avec le gouvernement républicain ) mais le royalisme est un véritable fanatisme, semblable à celui que la Religion enfante, dont les racines sont tellement mêlées et confondues avec les fibres du cerveau, qu'il devient comme partie de l'existence, pour la majorité de ceux qui le réclament. J'en excepte seulement ceux qui, profitent ou espèrent profiter immédiatement de ses prérogatives et de ses abus, pour qui il se réduit à une affaire de calcul et d'intérêt personnel, étranger à toute autre espèce de considération.

Or, s'il est à-peu-près reconnu que l'on n'a jamais converti aucun fanatique à la raison, ni comprimé aucune espèce de fanatisme

qu'au moyen d'une force supérieure et coër-
citive, constamment agissante ; il est éga-
lement évident que ce lévier qui se trouvoit
tout entier, entre les mains de la Conven-
tion, et qui s'est trouvé rompu, par l'établissement subit de la constitution, nous
laisse à peu-près sans moyens, contre les
attaques de ses inconciliables ennemis.

Je ne sais si l'on me pardonnera une ob-
servation qui semble se placer naturellement
ici ; savoir, que ce Marat, ce Robespierre
et leur suite, quoique si justement abhorrés,
étoient néanmoins bien autrement avisés,
que les hommes vertueux qui les ont rem-
placés. Ces animaux féroces, de qui l'existence a semblé calomnier la nature, avoient
eu l'instinct de sentir que l'unique moyen
d'établir et de conserver leur exécrable usur-
pation, étoit de s'emparer de la terreur.

Tandis que les auteurs et les fondateurs
de la plus sublime de toutes les constitutions
politiques, se précipitent en quelque sorte
dans un extrémité contraire, ont laissé méconnoître, avilir, enfreindre impunément,
toutes les lois conservatrices de leur propre

ouvrage ; ont souffert tranquillement qu'on le minât, qu'on l'attaquât de toutes parts, qu'on outrageât les premières magistratures, qu'on inffluençât, qu'on intimidât les tribunaux. Ils ont toléré les plus révoltans paradoxes, tous les genres de calomnies et de licence les plus effrénés, comme s'ils n'avoient voulu que faire ostention de vertus et de lumières, sans s'embarasser du succès et des suites ultérieures de la révolution ; sans rien tenter pour la protéger ou la défendre. Semblable à une marâtre, qui, se croyant quitte envers la nature et la société, abandonneroit à l'intempérie et aux attaques des bêtes carnacières le débile et préciéux fruit de sa fécondité.

Après avoir signalé bien évidemment dans l'état actuel des choses, l'existence d'une faction royaliste, ses ramifications et sa puissance, il nous reste à examiner la nature des prétextes, à la faveur desquels elle s'avance, ainsi que sa marche et ses moyens.

Nous passerons ensuite, à la triste comtemplation des effets et des crises qu'elle va immanquablement provoquer ; nous tâcherons de mettre à découvert quelles pourront être les conséquences, soit de sa chûte, ou de ses succès, suivant l'ordre des probabilités : et nous hasarderons, peut-être quelques idées sur les remèdes présumables, et les mesures propres à arrêter le cours de ses ravages, par-tout où ils pourront exister, ( en dedans ou en dehors du gouvernement constitutionnel ).

Les prétextes dont se servent et abusent, en ce moment, les réacteurs, sont les dilapidations véritablement effrayantes des finances, qui semblent s'être encore aggravées depuis l'établissement de la constitution. Ils ont affecté de méconnoître que cette espèce de désordre attaché à la nature de toutes les révolutions, a été malheureusement entretenu, par l'impéritie, ( et peut-être aussi par quelque vice d'intention secrète ) de cette misérable et éternelle commission de finance, qui, soit dans la création des mandats, soit dans les variations assignées à leurs cours, soit dans le mode presque journalier affecté à la vente des domaines nationaux, etc., n'a pas conçu une seule opération que le bon sens, l'expérience ou le

succès , puissent justifier. Si grave que soit
ce reproche , il paroît devoir retomber tout
entier sur le conseil des anciens , qui, a eu
la foiblesse de laisser passer successivement.
ces désastreuses résolutions.

Cependant, c'est sur le Directoire et les
Ministres que toutes les attaques sont dirigées.

Mal secondé, mal obéi , abusé d'ailleurs
dans le choix de ses agens , trop empêché
lui-même au timon , et à la manœuvre du
vaisseau; pour suivre et remédier efficacement
aux vices de l'intérieur, le Directoire a véritablement, mais involontairement , aggravé le
mal, en laissant échapper de ses mains, des re-
présentations de capitaux immenses , que la
nécessité impérieuse de marcher, le forçoit
de livrer à tout prix. Ainsi quoiqu'on puisse
alléguer , le Directoire a rempli ses devoirs.
Toujours dans une situation violente et forcée,
il a été réduit à ne considérer que l'ensemble
de la chose, et à sauver le corps de l'Etat,
sans égards aux froissemens qu'il n'étoit pas
en son pouvoir de lui épargner.

Au surplus, ce Directoire continuellement
contrarié ou arrêté dans sa marche , par les

séditions, par des conspirations renaissantes, soudoyés de l'étranger; par la pénurie résultante d'un défaut presque absolu d'impositions; de la lenteur et de l'insuffisance des recouvremens, visiblement entravés et suspendus par-tout, dans le dessein de le contraindre à une paix désastreuse, en lui ôtant les moyens d'entretenir la guerre; ce Directoire, dis-je, par l'effet d'une puissance en quelque sorte magique, a trouvé le secret de faire face à tous les ennemis de la République. Il a ébranlé, il a étonné l'Europe, par la fermeté invincible de son courage; par la hauteur de ses conceptions; par la sagesse de ses mesures et la rapidité de leur exécution. Ce Directoire, au moment de dicter et de conclure une paix glorieuse, par l'abaissement et la ruine de son dernier et mortel ennemi, va peut-être se voir dépouillé de sa gloire, et avorter le fruit de ses travaux, pour rentrer avec la nation dans une nouvelle carrière de calamités, que l'imprudence ou la perfidie s'applique en ce moment à r'ouvrir sous nos pas.

La scission, ou plutôt l'insurrection qui vient d'éclater au conseil des cinq cents, dans la discussion sur les Colonies; sur les finances ; dans la cause des prêtres et des émigrés, quelques soient les motifs qui l'ont provoquée, aboutit sensiblement à relever les espérances des étrangers ( de l'Angleterre et de l'Autriche particulièrement) à faire traîner ou rompre même les conférences ouvertes ou prêtes à s'ouvrir; et enfin à faire évanouir les espérances de la paix générale, qni, autrement, paroissoit assurée.

Elle tend en même-tems à encourager l'audace des royalistes et des émigrés répandus par-tout; ressusciter et réunir à cette faction les efforts du fanatisme ; à anéantir toute espèce de crédit national ; en allarmant à la fois les premiers acquéreurs de biens nationaux, et interdisant la possibilité des aliénations ultérieures ; en menaçant d'enlever aux créanciers de l'Etat, ainsi qu'à nos intrépides défenseurs, le gage des engagemens et des récompenses promises, et si bien méritées; et enfin en coupant tout court la seule et unique ressource du gouvernement, pour continuer la guerre, après qu'on l'aura empêché de consommer la paix.

S'il étoit possible que cette malheureuse scission, se prolongeât dans le Corps législatif, elle devient immédiatement le signal des massacres, entre les acquéreurs des biens nationaux, les parens des émigrés ou les émigrés eux-mêmes, si justement ex-propriés.

Soit qu'il eût entré ou non dans le calcul de ses auteurs, le résultat de ces angoises, ne peut être autre que de ramener le rétablissement du trône. Alors toutes les factions réunies aujourd'hui contre le gouvernement, divisées immédiatement entre elles, pour le choix de leur idole, forment autant de foyers de guerre civile..... Chacun de nos cinq ou six préten-dans, va chercher de l'appui au dehors ; et après s'être entre-détruits, finiront par laisser la proye sanglante et déchirée au plus heureux ou au plus habile, qui se trouvera contraint d'en abandonner la meilleur part à l'étranger pour prix de l'assistance qu'il en aura reçu : et la lutte finira par les proscriptions, le des-potisme, la banqueroute et le démembrement.

Tels sont les affreux malheurs que l'on semble prendre à tâche de rassembler sur nos têtes, et que je crois voir s'engendrer des mouvemens qui se sont manifestés dans les dernières semaines de Prairial. Peut-être ce tableau aura-t-il le pouvoir de faire reculer quelques-uns de ceux qui les ont fomentés , et de dissiper la funeste illusion qui les obsède.

Au reste , ils ne doivent pas s'attendre à sortir de cette lutte ainsi qu'ils y seroient entrés. Quelque soit leur puissance , quelque puissent être les chances et l'issue de la guerre , qu'ils auroient allumée , je ne saurois me persuader que nos invincibles armées, que nos illustres généraux puissent jamais consentir à demeurer spectateurs passifs ; à s'abandonner honteusement eux-mêmes à tendre leurs mains triomphantes aux fers d'un despote , et à rentrer enfin sous le joug du plus avilissant esclavage , après avoir goûté des prémices et des avantages de la liberté.

Je veux bien vous prévenir au reste , que je connois un remède dont l'effet, aussi assuré que rapide , feroit rentrer, à l'instant , tous les projets , les mieux ourdis en apparence, dans la poussière ; reporteroit les allarmes et le repentir dans les ames de ceux qui les auroient conçus. Mais ce remède mystérieux , ainsi que toutes les choses humaines, n'est pas exempt lui-même de hasards et d'inconvéniens. Au cas que vous me deviniez, je vous laisse à juger si la crainte d'un danger simplement éventuel, et du moins éloigné, sera jamais capable de balancer l'impression, d'un péril actuel et imminent, auquel il ne resteroit plus que ce seul moyen d'échapper.

Salut et fraternité,

G * * *,

BIBLIOTHÈQUE ROYALE